子どもの想いを地域で支える

ヤングケアラー支援ガイドブック

社会福祉法人奉優会居宅事業部 編著

HOUYUKAI

メディア・ケアプラス

はじめに

子どもの想いを地域で支える
「ヤングケアラー支援ガイドブック」発刊にあたって

　この度、「ヤングケアラー支援ガイドブック」の発刊にあたり、社会福祉法人奉優会社会福祉事業統括本部 地域包括ケア事業本部 居宅事業部の本部長、事業部長、リーダー層が一丸となってまとめました。

　居宅事業部では利用者、家族一人ひとりの支援を通し、ケアラー・ヤングケアラー支援も含め、そこから見えてくる地域の課題について、地域の方々と一緒に考え、支え合いの仕組みづくりや地域づくりに取り組み、地域課題を発見・検討し、居場所づくり、連携・ネットワークづくりに注力し、地域全体のケアマネジメントのお手伝いをしています。支え合える地域を、住民や専門職みんなでつくり、カフェやがん当事者サロン、料理教室の立ち上げ、講演活動など「我がごと・丸ごと地域共生社会の実現」を目指しています。

　利用者や家族にとっての良い暮らしを地域でどう支え、つくっていくのか、利用者一人ひとりの暮らす姿や気持ちを、みんなで共有していくことが何よりも大切です。これからどう地域で支えていくのか。地域住民・行政・教育・医療機関などを含めた地域のケアの発想が変われば利用者、家族がどう変わっていくのか、住み慣れた自宅で安心して暮らしていくためにはどのようなことができるのかを、私たち支援者は熟考する時期にきていると感じます。

　また、支援者には、ソーシャルワークの領域で果たすべき役割と高い資質が求められてきています。特に介護支援専門員（ケアマネジャー）は利用者を介護保険サービスなどにつなぐだけではなく、地域の社会資源とどう結ぶか、さらに、さまざまな職種の人々と手を組み、地域に目を向け、社会資源の把握や開発・政策提言を担っていく、それこ

そがケアマネジメントの本質ではないかと居宅事業部では考え、地域のケアマネジメント力が向上するように積極的に活動しています。

　居宅事業部のケアマネジャーはこれまでケアラー支援のくくりでヤングケアラーについても支援してまいりました。家族に集中していた介護の負担を減らし、「介護の社会化」を目指して2000年に介護保険制度がスタートしました。20年以上が経過する中で、時代とともに介護の担い手に変化が生じています。特に「ヤングケアラー」への対策は喫緊の課題だと感じます。一部の自治体や研究者の調査では、14歳以下の小中学生にも一定数のヤングケアラーが存在することが確認されていますが、実際にはもっと多いのではないかと推測しています。また、18～30歳程度の「若者ケアラー」の存在にも目を向ける必要があり、シームレスな支援、仕組みづくりが求められているのではないかと現場では強く感じます。

　地域のつながりの衰退や急速な少子高齢化、核家族化の進展、共働き世帯の増加などで、ケアを支える大人や支援者が減少していく中で、家族の世話を担わざるを得ない「子ども」は今後も増えていく可能性が高いのではないかといえます。それを支えるための仕組みづくりを新たに構築していかなければならない時代だからこそ本書が、支援者側はどのようにするべきか、いま何をしなければならないのかを考えるための一助になれば幸いです。

　また、本書では、ヤングケアラー支援について漫画を用いてわかりやすく説明しています。

2022年2月
社会福祉法人奉優会 社会福祉事業統括本部
地域包括ケア事業本部 居宅事業部
事業部長 佐々木克祥

目次

ケアマネジャーが見た ヤングケアラー

私たち大人が、
子どもたちとどのように向き合い、
その声を受け止めるか

作・池ちゃん

ある日の訪問…

佐々木

こんにちは〜

ピンポ〜ン♪

失礼します

ケアマネジャー

レイコ
53歳

どうぞ
上がって

さっき、お昼ごはん
食べ終わったのよ〜
先にお部屋行ってて
くれる？

わかりました

痛っ!!

ちょっと待ちなさい!

あれ？今、泣いてた…？

ユミ
14歳

タタタ…

笑顔のユミちゃんしか
見たことがなかった私は
泣きながら出て行く
ユミちゃんの後ろ姿を
見ながら、
何かが変化していると
感じました。

マサエさん
こんにちは〜

マサエさんは、ユミちゃんと言い合ったことも忘れ、
私を笑顔で迎えてくれました。
マサエさんと話しながらも、私は、
泣きながら出て行ったユミちゃんのことが
気になっていました。

マサエ
89歳

そういえば！
家の中に
泥棒がいるのよ！

マサエさんは、
封筒に入れたお金が
なくなったと
話していました。

認知症になっているマサエさんは、
徐々に物忘れが進行していました。

最近では、
「お金を盗られた！」
という訴えが多く、その対象が、
孫娘のユミちゃんに
向けられていたのです。

とったでしょ！

マサエさんの話を聞いて、
ユミちゃんのことが気になった私は、
ユミちゃんのお母さん、
レイコさんから、
話を聞くことにしました。

あの子は、おばあちゃん子なの。
母が認知症になってからも
話し相手になったり、
一緒に散歩に行ったり。
私が仕事のときは、
食事も作ってくれてるのよ。

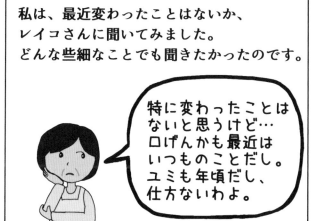

私は、最近変わったことはないか、
レイコさんに聞いてみました。
どんな些細なことでも聞きたかったのです。

特に変わったことは
ないと思うけど…
口げんかも最近は
いつものことだし。
ユミも年頃だし、
仕方ないわよ。

上の子のマサキは
おばあちゃんと特に問題なく
やっているし、
ユミもそのうち落ちつくんじゃ
ないかしら？

マサキ
17歳

ユミの気持ち

おばあちゃんは、私が小さいころから
ずっと、かわいがってくれていた。
お母さんが仕事でいなくても、
おばあちゃんがいたから
さみしくなかった。

6年前、おばあちゃんが
「認知症」と診断された。

おばあちゃん、
このおみそ汁
味がないよ？

あら、本当。
おかしいわね…
おみそを入れ
忘れたかしら？

ユミ
8才

おばあちゃん
ポケットに
メモを
入れてたよ？

あら？
何を買いに
行くんだっけ？

おばあちゃんのことは、
私が支えてあげなくちゃ！

今日は
遊べないや。
ごめんね！

ユミちゃん！
今日遊ぼうよ！

えーっ！
今日もダメなの？

そして、中学生…

部活に入りたかったけど、
おばあちゃんが心配だし
やめておこう。

一週間後

マサエさんは、大声で
ユミちゃんを責めました。

興奮しているマサエさんを自室に連れて行き、
しばらくして落ち着いたのを確認してから
ユミちゃんの所に戻りました。

ユミちゃん、
さっきみたいなこと
よくあるの？
よかったら、私に話して
くれるかな？

はい…。

ユミちゃんは、おばあちゃんが好きで
支えてあげたいと思っていること

マサエさんの認知症が進行し、
なぜか、ユミちゃんにだけ強く
当たってくること

最近は、学校も楽しくないと
感じていること

誰にも相談できずに悩んでいたことを
話してくれました。

私はユミちゃんに、認知症が
どういう病気なのかを話しました。
ユミちゃんが一人で抱え込んで
いることが分かったため、
改めてみんなで話しをすることを
提案すると、久し振りに
ユミちゃんが笑顔になりました。

はい。
わかりました。

後日、佐々木家の皆さんに集まってもらい
先日見たことや認知症について話しました。
そして、今後についてもいろいろと話をする
ことができました。

母さんの
認知症が
そこまで進んで
いるとは思わな
かったよ。

まさかユミが
そんなことを言われ
ていたなんて…。
気付かなくて
ごめんなさい。

ユミはまだ
中学生だし、
これからのことを
考えないと
いけないよな。
俺も手伝うよ。

もっと早く、
みんなに相談
していれば
良かった。

家族でできること
介護保険でできること…。
マサエさんにとって、
家族にとって良い方法を
みんなで話し合った結果、
デイサービスやショート
ステイも検討しながら、
サービスを調整すること
になりました。

さらに、
ユミちゃんやマサキ君の
学校の予定に合わせて
サービスを組み合わせたり、
今後は、マサエさんの
認知症の症状の変化に
合わせて、サービスを
検討していくことに
なったのです。

ユミが、部活
始めたのよ〜

そうなんですか!?
すごい!!

２ヵ月後…

マサエさん
こんにちは〜！

現在は、家族のスケジュールに合わせて
サービスを利用されており、マサエさんの症状も
落ち着いています。

第1章 ヤングケアラー支援事例紹介

1. 認知症の方と暮らすヤングケアラーの事例

　まんがで紹介したのは6年前からケアマネジャーとして訪問している認知症の方と暮らすヤングケアラーの事例です。

　ユミさんは中学生、両親と祖母、高校生の兄の5人暮らしです。祖母のマサエさんは7年ほど前から認知症の症状が目立ちはじめ、要介護認定を受けていました。

　ご両親が仕事のため、学校から帰宅後や夏休みなど長期の休みにはユミさんは祖母と仲良く過ごしているようでした。しかし、時間の経過とともに祖母の認知症が進み、もの忘れが悪化し、食事の用意などができなくなりました。成長したユミさんが食事の用意をしたり、トイレの声掛けや話し相手などを行ったりするようになりましたが、祖母は急に怒り出す、同じことを何度も繰り返し訴えるなどがあり、ユミさんが対応することが困難となってきていたようでした。

　そんなある日、私が訪問すると、ユミさんが涙ぐんだ様子で階段を駆け上がっていってしまったのです。どうやら祖母と口喧嘩をしていたようでしたが、祖母はもう忘れて、笑顔で対応してくれました。気になった私は、祖母のいないところでユミさんのお母様のレイコさんに話を伺うことにしました。すると、ユミさんと祖母の間でトラブルが続いており、家族で困っていることを話してくれました。高校生の兄のマサキくんは上手にかわすことができているけれど、ユミさんはまともに対応してしまうため祖母を興奮させてしまい、ユミさんに暴言を吐くとのことでした。

　ユミさんと祖母のトラブルを回避するため、二人だけになる時間を減らしたほうがよいのではと考え、ご両親にデイサービスの増回、時間延長、ショートステイの提案を行い、利用につながりました。現在では、ご家族の予定、お孫さんたちの休みや試験などのスケジュールに合わせて祖母のサービスを調整しています。

　現在、祖母はサービスを利用することで穏やかに過ごすことができており、ユミさんやご家族のストレスは軽減できています。

2. 認知症の方と暮らすということ

　誰でも年齢とともにもの覚えが悪くなったり、人の名前が思い出せなくなったりします。こうした「もの忘れ」は脳の老化によるものです。しかし、認知症は「老化によるもの忘れ」とは違い、何かの病気によって脳の神経細胞が壊れるために起こる症状や状態のことです。

　初期症状は記憶障害がほとんどで、直前にしたことが思い出せなかったり、いつも行っている作業に時間がかかったりします。

　そして中期には記憶障害がもっと顕著に現れ、食事をしたことを忘れたり、料理や買い物などができなくなり、誰かのサポートなしでは自立した生活を送ることが難しくなったりします。

　末期になると、家族の名前やトイレなどの場所がわからなくなるという症状が出現。自発性や意欲が徐々に低くなり、引きこもりがちになります。次第に体力が落ちて、最後は自力で動けなくなる可能性も出てきます（図１）。

　認知症の家族を介護するということは、肉体的にも精神的にも非常に大きなストレスとなります。

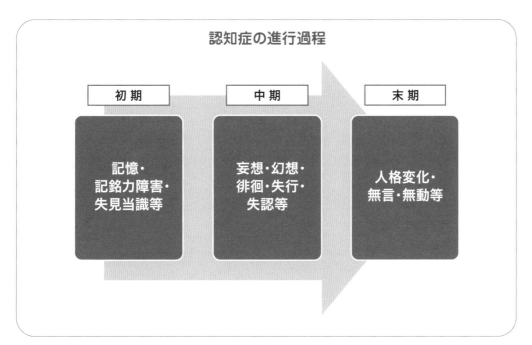

図1／認知症の進行過程

3. ケアマネジャーの行うケアマネジメント

　ケアマネジャーは利用者が自宅で自立した生活を送ることができるよう、心身の状況や生活環境、本人やご家族の意向を受けて、ケアプランを作成し、そのプランに従ってサービスが提供できるよう事業者との調整を行い、実際にサービスが提供された結果を確認するという一連の業務を行います（図2）。

　アセスメントとは、ケアプランを作成し介護サービスを提供するうえで、利用者にとって「どのような介護サービスが必要なのか」「利用者やご家族は何を希望しているのか」といった利用者の状態、利用者を取り巻く状況を把握・分析し、何を必要としているかを正しく評価・査定することです。

　モニタリングとは利用者を定期的に訪問し、サービスの実施状況や利用者の健康状態などを確認し、利用者の満足度や新たなニーズ、そして状況変化を把握、必要があれば再アセスメントを行うことをいいます。

　利用者の状況だけでなく、交友関係やご家族の状況、住居状況や地域などの周辺環境、生活サイクルなども考慮することが重要です。

　介護している家族の中にお孫さんなど小さい方がいらっしゃる場合は、その方々がどの程度関与しているか、どんな影響を受けているのかなど、大人の介護者も同様ですが、無理なく楽しく生活が送れているのかを確認する必要があります。

　なかなか外からはわかりにくいヤングケアラーについて、毎月訪問し、すでに信頼関係ができているケアマネジャーだからこそ気づくことができるのではないかと考えます。

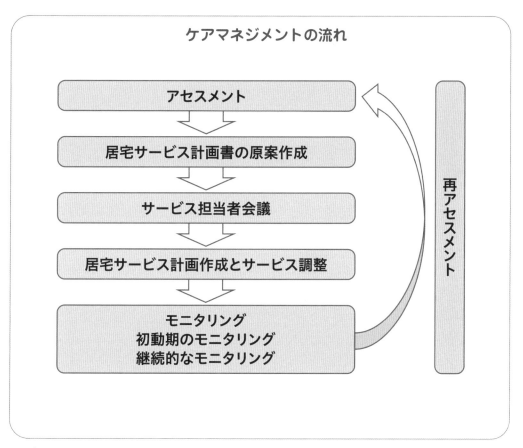

図2／ケアマネジメントの流れ

介護支援専門員（ケアマネジャー）とは

　要介護・要支援の状態にある高齢者やその家族の相談に応じ、その心身の状況に応じた適切な介護サービスが利用できるよう、居宅サービス計画（ケアプラン）を作成し、市町村や居宅サービス事業者、介護保険施設との連絡・調整を行う専門職です。

　具体的には、居宅サービス計画の作成に向けた課題の分析、居宅サービス計画の作成、サービスの提供に向けた連絡・調整、サービス開始後のモニタリング、ケアマネジメント費用の請求のための居宅介護支援介護給付費請求書の作成・提出などの給付管理業務を行います。

第2章　ヤングケアラーの概要

1. ケアラーとヤングケアラー、若者ケアラーとは

　ケアラーとは、こころやからだに不調のある人の「介護」「看病」「療育」「世話」「気づかい」など、ケアの必要な家族や近親者、友人、知人などを無償でケアする人のことです。

　一方、ヤングケアラー（子どもケアラー）とは法令上の定義はありませんが、一般に、「本来大人が担うと想定されている家事や家族の世話などを日常的に行っている子ども」とされています。つまり、ヤングケアラーは家族にケアを要する人がいる場合に、大人が担うようなケア責任を引き受け、家事や家族の世話、介護、感情面のサポートなどを行っている18歳未満の子どものことです。

　若者ケアラーは、18歳からおおむね30歳代までのケアラーを想定しています。ケアの内容は子どもケアラーと同様ですが、ケアの責任がより重くなることもあります。若者ケアラーには、子どもケアラーがケアを継続している場合と、18歳を超えてからケアが始まる場合とがあります。

　具体的には以下の内容があります（図1）

●障がいや病気のある家族に代わり、買い物・料理・掃除・洗濯などの家事をしている。

●家族に代わり、幼いきょうだいの世話をしている。

●障がいや病気のあるきょうだいの世話や見守りをしている。

●目を離せない家族の見守りや声掛けなどの気づかいをしている。

●日本語が第一言語でない家族や障がいのある家族のために通訳をしている。

●家計を支えるために労働をして、障がいや病気のある家族を助けている。

●アルコール・薬物・ギャンブル問題を抱える家族に対応している。

●がん・難病・精神疾患など慢性的な病気の家族の看病をしている。

●障がいや病気のある家族の身の回りの世話をしている。

●障がいや病気のある家族の入浴やトイレの介助をしている。

障がいや病気の
ある家族に代わ
り、買い物・料
理・掃除・洗濯
などの家事をして
いる。

家族に代わり、
幼いきょうだいの
世話をしている。

障がいや病気の
あるきょうだいの
世話や見守りをし
ている。

目を離せない家
族の見守りや声
掛けなどの気づ
かいをしている。

日本語が第一言
語でない家族や
障がいのある家
族のために通訳
をしている。

家計を支えるた
めに労働をして、
障がいや病気の
ある家族を助け
ている。

アルコール・薬物・
ギャンブル問題
を抱える家族に
対応している。

がん・難病・精神
疾患など慢性的
な病気の家族の
看病をしている。

障がいや病気の
ある家族の身の
回りの世話をして
いる。

障がいや病気の
ある家族の入浴
やトイレの介助
をしている。

図1／若者ケアラーのケアの内容

2. ヤングケアラーの発祥と実態

　「ヤングケアラー」という言葉はイギリスが発祥で、イギリスでは1980年代後半より国を挙げてヤングケアラーの支援に取り組んできました。1995年にケアラー法が制定され、2014年にはヤングケアラーに対する支援策も盛り込まれました。

　日本では、介護者の精神的な負担を減らす目的などから「日本ケアラー連盟」が2010年に創設されました。

　同連盟がヤングケアラー問題について実施した調査によると、学校の教員が生徒の介護負担に気づいた原因で圧倒的に多かった理由は「本人からの話」でした。ほかの問題と異なり、ヤングケアラー問題では周囲の大人が能動的に察知して発覚するケースは比較的少ないといわれます。介護者である子どもが周囲に悩みを打ち明けることがいかに重要であるかを示している結果ともいえます。

　また、2020年の三菱UFJリサーチ＆コンサルティングによる調査では、ヤングケアラーの家族構成は「ひとり親と子ども」が31.0％、本人の認識は「自分自身でヤングケアラーという認識がない」が40.4％、学校生活では「欠席がちだ」と回答した子どもが34.6％、「遅刻をする」と答えた子どもが26.6％いるほか、「学校生活への影響がある」と答えた子どもが57.9％もいました（図2）。また、自分一人で介護している子どもが13.6％いるなどの実態が明らかになり、その結果からヤングケアラーという概念の普及啓発や支援方法への提言が行われています。

　そのほかの支援団体として、以下のようなヤングケアラー当事者・元当事者同士の交流会、家族会などもあります。

●「ふうせんの会」

　家族のケアを担っている高校生以上のヤングケアラーまたは元ヤングケアラーのグループです。会の運営には支援者も参加しています。交流会、情報交換を目的とした「集い」の開催、ヤングケアラーが暮らしやすい社会に向けた情報発信などを行っています。当事者がケアに関することやさまざまな思いを気軽に話すことができる "居場所" として参加できます。

● 「公益社団法人　全国精神保健福祉会連合会（みんなねっと）」

● 「みんなねっとさろん」

精神疾患をもつ人の家族が集まり互いに支え合う家族会です。

● 「精神疾患の親をもつ子供の会（こどもぴあ）」

　精神疾患の親をもつ子どもの会です。主に成人した子どもの立場の人が集まり、集い
や少人数のピア学習プログラムを行っています。個別の相談は受けていませんが、似た
境遇で育った仲間とつながることができます。東京・大阪・札幌・福岡・沖縄を拠点に
して活動しています。

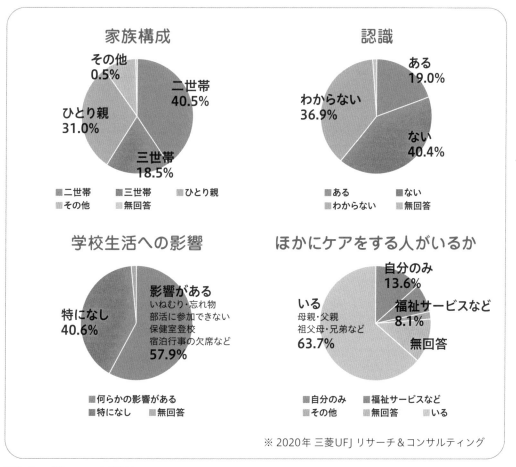

図2／ヤングケアラー実態調査

第3章 ヤングケアラーについての現状と課題

1. 社会状況の変化

　ヤングケアラーの問題や課題の素因として挙げられるのが日本の情勢や家族の変化です。その特徴として、「一世帯当たりの人数の減少」「ひとり親家庭の増加」「共働き世帯の増加」があります。これらにより、これまで子どもらしく生活できていた子どもは、家族を支えるために必要な「要員」となっていきました。

　また、平均寿命の変化による高齢者数の増加により、高齢者の世話を孫が行う、精神疾患などの障がいをもつ親の世話を児童が行うなどの状況が発生しており、これらは今後も続いていくと予測されます（図1）。

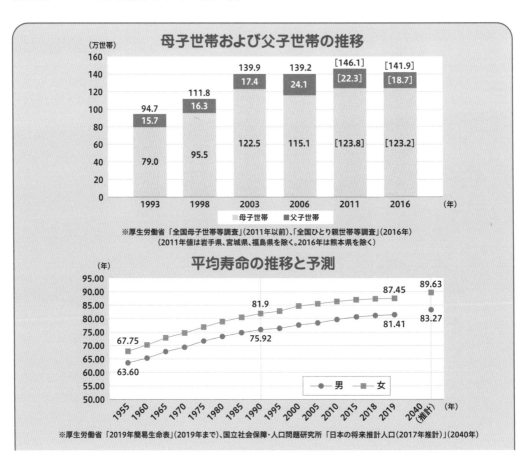

母子世帯および父子世帯の推移

※厚生労働省「全国母子世帯等調査」（2011年以前）、「全国ひとり親世帯等調査」（2016年）
（2011年値は岩手県、宮城県、福島県を除く。2016年は熊本県を除く）

平均寿命の推移と予測

※厚生労働省「2019年簡易生命表」（2019年まで）、国立社会保障・人口問題研究所「日本の将来推計人口（2017年推計）」（2040年）

日本の家族の変化

- **一世帯当たりの人数の減少** ※厚生労働省「2019年国民生活基礎調査の概要」より抜粋
  5人（1953年）⇒ **2.39人**（2019年）

- **ひとり親家庭の増加**（左表上参照）
  94.7万世帯（1993年）⇒ **141.9万世帯**（2016年）

- **共働き世帯の増加** ※政府統計の総合窓口（e-Stat）
  住民基本台帳に基づく人口、人口動態及び世帯数調査抜粋
  614万世帯（1980年）⇒ **1,013万世帯**（2017年）

- **平均寿命の変化**（左表下参照）
  男性 63.60歳（1995年）⇒ **81.41歳**（2019年）
  女性 67.75歳（1955年）⇒ **87.45歳**（2019年）

- **高齢者数の増加** ※政府統計の総合窓口（e-Stat）
  住民基本台帳に基づく人口、人口動態及び世帯数調査抜粋
  618万人（1965年）⇒ **3,548万人**（2020年）

- **精神疾患をもつ人が増加** ※厚生労働省「みんなのメンタルヘルス総合サイト」より抜粋
  204.1万人（1999年）⇒ **419.3万人**（2017年）

家族機能の弱体化

図1／社会状況の変化　　　　　　　　　　　　　　　　　　　　※「厚生労働省」、「政府統計の総合窓口」のデータを基に作成

2. ヤングケアラーを取り巻く現状

〔ケアラーである子ども〕

　子どもは、ケアが当たり前だと思っていることが多く、生活の一部となっています。

　しかし、それは一般的な"子どもの生活"とはかけ離れているため、「話す人がいない」「周りの人と話が合わない」「自分の時間がない」などの相談相手がいないことにより孤独感を抱えます。また、学校で課外活動などへの参加や友人同士遊びに行く時間がとれないことから付き合いが少なく、常に一人でいることから「あの子は一人でいるけれども、一人で大丈夫なんだ」と周囲から認識されることもあります。自分の状況を周囲に説明することも難しく、友達などを頼ろうとしても解決策が見つかるわけではありま

せん。結果として周囲の人に言っても無駄と感じたり、自分さえ我慢すればよいという考えに至ったりすることもあります。大人に相談しても状況を理解してもらえず、過度な励ましにより距離を置いてしまう場合があります。

　子どもの年齢によっては、部活ができないなどのストレスや進路について悩み、学力の低下も発生します。

　経済的な事情がある家庭では、食事がとれない、学校を休みがちといった問題や、身体的な介護や精神的なケアなど、また、負担が重度となる場合は、睡眠がとれないなど子ども自身の健康面でも不安要素となる事象が発生します。家族へのサポートもなく、その子がやらなければならず、通学できない場合は、確実に支援が必要です。

〔**ケアが必要な本人について**〕

　ケアが必要な本人については家族内の課題をつかむ必要があります。しかし、日本では、家族の助け合いに頼るかたちであるため、子どももインフォーマルな支援、介護力とみなしてしまう専門職が多く、ケアを必要とする本人が「親」である場合には「親としてのニーズ」を見落としがちです。

　親本人の「困りごと」として、親として子どもに願うこと、してあげたいことを達成するための支援につなげるために、十分な聞き取りが必要です。

　また、実際には子どもからケアを受けていても、"ケアが必要な本人" が医療や福祉につながっておらず診断を受けていないケースもあります。"ケアが必要な本人" が適切な医療・福祉につながり支援を受けることで、子どもの負担も軽減されます。親（ケアが必要な本人）も苦労しているときには支えられるべきであるということ、助けを求めてもよいことを知る必要があり、頼るべき相手に頼れるよう社会資源や制度を知る必要があります。

〔**家族を取り巻く環境について**〕

　家族の状況に気づいている隣人がいても、「他人が口出しをする問題ではない」と感じている人もいます。

　また、どこに相談をすればよいかがわからない人もいるので、社会的な認知度を向上するために地域への情報発信も必要です。

　学校ではヤングケアラーおよび周囲の生徒は、ケアラー以上に生活経験や福祉に関する知識が不足しています。教員が学校にヤングケアラーがいる可能性について知り、必

要な支援へつなげる必要があります。

　繰り返しになりますが、ヤングケアラーにとっては、ケアが日常であり生活であることを前提に、ケアを始めた時期が早期であったり、２年以上の長期にわたったりする場合は、子どもの心理的社会的発達や学業成績、大人への移行などにおいて、深刻な結果を招くことにつながることを周りの大人たちは認識することが大切です（図２・３）。

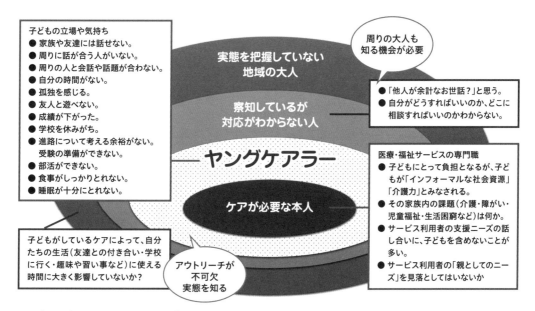

図2／ヤングケアラーの現状と課題①

※厚生労働省
ヤングケアラーの支援に向けた福祉・介護・医療・教育の連携プロジェクトチーム
とりまとめ報告(2021年5月17日)を参考に作成

ヤングケアラーにとっては、ケアが日常であり生活である

● ケアすることは日常であり、当たり前のことであるがゆえに、自覚がない。徐々に少しずつ役割（ケア）が増えている。
● 日本の制度では、家族の助け合いに頼る形の支援が主流であり、専門家は、こどもを「インフォーマルな社会資源」や「介護力」として見てしまう傾向がある。
● こどもは、孤立感や大人に助けを求めても仕方がない、と感じている。
● こどもは、ケアを必要とする家族の病気や障害が、どのようなものかをきちんと理解していないことが多い。また、自分が行なっているケアの責任や重要性についても理解できていないことが多い。
● ケアを必要とする家族を「支えたい」というこどもの気持ちと、こどもらしい生活にはギャップがある。
● こどもたちが担っているケアの内容を把握する事は、こどもが「こどもとしての生活」に使える時間にどの程度の影響を及ぼしているのかを理解することに繋がる。
● 精神疾患を持つ家族や、同居の他の家族への心のケアなど、知らない間に高度なケアを行なっていることがある。
● ケアを始めた時期が早期であったり、長期（2年以上）にわたる場合は、こどもの心理的社会的発達や学業成績や大人への移行などに於いて、深刻な結果を招くことに繋がる。

ヤングケアラーを取り巻く環境

● 家族も精いっぱいで、子供の気持ちに寄り添う余裕がない。また、専門職はケアされる親に対し「親としてのニーズ」を見落とし易い。
● ヤングケアラーが支えている家族が必要とする支援分野は家庭によっても異なり、介護、障がい、児童福祉、生活困窮など、多分野の連携支援が必要である。また、その支援が不十分または効果的ではない場合に、ヤングケアリングを引き起こす。（経済的負担などで介護・障害サービスが不十分となる等）
● 医療・福祉サービス、学校、子ども食堂等、それぞれが独自・縦割りで動いており、ヤングケアラーの発見やその後の支援へのつながりが希薄である。（きょうだいをケアするヤングケアラーへの支援など）
● ヤングケアラーの認知度が低く、支援に繋がっていない。
● こども達に情報提供を行う地域支援が、まだ不十分である。

図3／ヤングケアラーの現状と課題②

※厚生労働省
ヤングケアラーの支援に向けた福祉・介護・医療・教育の連携プロジェクトチーム
とりまとめ報告(2021年5月17日)より

第**4**章　各自治体の取り組み状況

1. 自治体の対応のしかた

　自治体の対応は大きく三つに分けられます。

①ようやく実態調査などで現状の認識がされつつあるヤングケアラーに関しては、まだ認知・理解度が低いため、啓発活動を実施。

②関わる支援者のスキルアップや人材育成のための研修を実施。

③教育、福祉、現場、行政の垣根を越えた連携や重層的な支援体制が求められるため、関係部署や機関が横断的に集まり、体制づくりなどに取り組む。

　ケアラー支援について取り組んでいる代表的な自治体として埼玉県や北海道栗山町などがあります（P.40 ／表１）。

2. 埼玉県の取り組み

　埼玉県は全国に先駆けて 2020 年 3 月にケアラー支援についての支援策を条例にしました。

●埼玉県議会は全国に先駆けて 2020 年 3 月、家族を無償で介護する人全般を支援することを定めた「ケアラー支援条例」を全会一致で可決しました。

　その条例では、18 歳未満の介護者をヤングケアラーと定義し、「健やかな成長と自立が図られるよう支援しなければならない」と定められました。条例化の背景には、高齢化が急速に進展し、核家族世帯の割合も高いという埼玉県特有の事情がありました。

埼玉県ケアラー支援条例

2020 年 3 月 31 日

条例第 11 号

第 1 条（目的）

　この条例は、ケアラーの支援に関し、基本理念を定め、県の責務並びに県民、事業者及び関係機関の役割を明らかにするとともに、ケアラーの支援に関する施策の基本となる事項を定めることにより、ケアラーの支援に関する施策を総合的かつ計画的に推進し、もって全てのケアラーが健康で文化的な生活を営むことができる社会を実現することを目的とする。

第 2 条（定義）

この条例において、次の各号に掲げる用語の意義は、当該各号に定めるところによる。

1　ケアラー　高齢、身体上又は精神上の障害又は疾病等により援助を必要とする親族、友人その他の身近な人に対して、無償で介護、看護、日常生活上の世話その他の援助を提供する者をいう。

2　ヤングケアラー　ケアラーのうち、十八歳未満の者をいう。

3　関係機関　介護、障害者及び障害児の支援、医療、教育、児童の福祉等に関する業務を行い、その業務を通じて日常的にケアラーに関わる可能性がある機関をいう。

4　民間支援団体　ケアラーの支援を行うことを目的とする民間の団体をいう。

第 3 条（基本理念）

1　ケアラーの支援は、全てのケアラーが個人として尊重され、健康で文化的な生活を営むことができるように行われなければならない。

2　ケアラーの支援は、県、県民、市町村、事業者、関係機関、民間支援団体等の多様な主体が相互に連携を図りながら、ケアラーが孤立することのないよう社会全体で支えるように行われなければならない。

3　ヤングケアラーの支援は、ヤングケアラーとしての時期が特に社会において自立的に生きる基礎を培い、人間として基本的な資質を養う重要な時期であることに鑑み、適切な教育の機会を確保し、かつ、心身の健やかな成長及び発達並びにその自立が図られるように行われなければならない。

第 8 条（ヤングケアラーと関わる教育に関する業務を行う関係機関の役割）

1　ヤングケアラーと関わる教育に関する業務を行う関係機関は、その業務を通

じて日常的にヤングケアラーに関わる可能性がある立場にあることを認識し、関わりのある者がヤングケアラーであると認められるときは、ヤングケアラーの意向を尊重しつつ、ヤングケアラーの教育の機会の確保の状況、健康状態、その置かれている生活環境等を確認し、支援の必要性の把握に努めるものとする。

2 ヤングケアラーと関わる教育に関する業務を行う関係機関は、支援を必要とするヤングケアラーからの教育及び福祉に関する相談に応じるとともに、ヤングケアラーに対し、適切な支援機関への案内又は取次ぎその他の必要な支援を行うよう努めるものとする。

● ケアラー支援に関する有識者会議が 2020 年 6 月〜 2021 年 2 月の間に計 4 回開催され、以下が検討されました。

第 1 回：埼玉県ケアラー支援条例について、埼玉県ケアラー支援計画策定スケジュールについて。ケアラー・ヤングケアラーに関する実態調査について。

第 2 回：ケアラー・ヤングケアラー実態調査について、ケアラー支援に関する施策について。

第 3 回：ケアラー・ヤングケアラー実態調査などの結果について、埼玉県ケアラー支援計画（素案）について。

第 4 回：埼玉県ケアラー支援計画（案）について。2021 年度関係予算について。

● 有職者会議で検討された実態調査も実施されました。都道府県単位での実態調査は埼玉県の取り組みが全国初となりました。

「ヤングケアラー実態調査」（2021）年 4 月

【調査目的】

・ヤングケアラーの実態が不明なため、潜在化しているヤングケアラーの存在を把握する。

・ケアの状況、ヤングケアラーへの影響、困りごと、支援ニーズ等を把握し、計画の策定に役立てる。

【主な調査項目】

・ケアラー自身について　・ケアの状況について　・ケアの影響について　・ケアに関する相談について

・求める支援についてなど

【調査区域】

・埼玉県内県立高校、市立高校、国立高校、県立高校定時制、市立高校定時制、私立高校 計 193 校

【調査対象】

・調査時点の高校 2 年生：55,772 人

【回答者数】

・48,261 人 (回収率：86.5%)

【調査結果】

①自身が「ヤングケアラー」である、または過去にそうであったと思うか尋ねたところ、回答者 48,261 人のうち、「はい」と回答したのは 2,577 人 (5.3%)。

②「ヤングケアラー」という言葉の認知度をみると、「全く知らない」が 70.8% と最も高く、次いで「ある程度は知っている」13.5%、「聞いたことはあるがよく知らない」12.9% と続いた。

③被介護者の続柄：母（24.0%）、祖母（20.3%）、祖父（13.6%）、父（11.1%）

④ケアの内容：食事の用意・後片付け・洗濯・掃除など家の中の家事（58.0%）、その人のそばにいる・元気づける・はなしかけるなど感情面のケア（41.0%）、買い物・家の修理仕事・重いものを運ぶなど家庭管理（32.4%）、きょうだいのケア（25.0%）その他、通院介助や医療的ケアなどもあった。

⑤ケアをしている頻度・時間：毎日（35.3%）・4 人に 1 人が学校のある平日に 2 時間以上ケア

⑥学校生活への影響：特に影響はない（41.9%）、ケアについて話せる人がいなくて、孤独を感じる（19.1%）、ストレスを感じている（17.4%）

⑦ケアに関する悩みや不満を話せる相談相手：ヤングケアラーの 4 人に 1 人が、

相談相手がいないと回答している（25.4%）。相談相手をみると母（62.4%）、父（33.7%）、兄弟姉妹（29.8%）、友人（37.5%）、その他、担任（3.0%）、保健室（0.6%）、カウンセラー（1.0%）、SNS（4.9%）

●埼玉県ケアラー支援条例に基づく計画として、「埼玉県ケアラー支援計画」（2021～2023年度）が施策されました。

［基本理念］

　全てのケアラーが個人として尊重され、健康で文化的な生活を営むことができる社会の実現

［現状］

・介護者数 34万3,400人（2017年）、（県内15歳以上の5.4%）「就業構造基本調査」（総務省）

・ヤングケアラー 1,969人（県内高校2年生の4.1%）「ヤングケアラー実態調査」（埼玉県）

・ケアラーの認知度 17.8%、ヤングケアラーの認知度 16.3%（埼玉県「県政サポーターアンケート」より）

［計画概要］

・ケアラーを支えるための広報啓発の推進：県民や事業者および関係機関がケアラーの存在や置かれている状況を知ることで顕在化される可能性があります。ケアラーやヤングケアラーについて広く県民に知ってもらい、誰にも起こりうる身近な問題であることを広く啓発します。

・目標：ヤングケアラーに関する認知度 16.3%（2020年度）→ 70%（2023年度）

［主な取り組み］

・ケアラー支援WEB講座（県民向け）：ケアラー・ヤングケアラーへの理解を深めていただくため、当事者によるケアの体験談をまとめた動画を制作 YouTube により一般公開（2021年2月～）

・地域包括ケアまんが：地域包括ケアシステムについて理解を深めるまんがを、全11巻でわかりやすく紹介しています。第9巻ヤングケアラー編が地域包括ケア課ホー

ムページ・ブックシェルフ埼玉にて公開中。

●ヤングケアラー支援体制の構築・強化

　ヤングケアラーの心身の健やかな成長およびその自立、教育機会の確保が図られるように、ヤングケアラーに関わる可能性のある立場にある教育機関などによる支援と、教育機関などが受けた相談を適切に福祉部門へつなぎ、連携して支援できる体制を構築します。

　「埼玉県ケアラー支援計画」が策定されることに伴い、学校現場におけるヤングケアラー支援（学校としてできる範囲の支援＝福祉機関 への取り次など）を充実させていくことが必要と考え、埼玉県教育委員会におけるヤングケアラー支援施策について、2021 年 4 月に検討されました。

　現状の課題として、教職員一人ひとりのヤングケアラーの認識や、ヤングケアラーへの対応などに関する知識が不足していると捉え、学校および教育機関に対してヤングケアラーの認知度を高め、適切な支援につなぐことができる環境を整備し、知事部局およびケアラー支援団体などとの連携強化に努めることを方針として掲げられました。

［目標］

　ヤングケアラー支援のための 教育・福祉合同研修の受講者数 1,000 人（2021 〜 2024 年度の累計）

［主な取り組み］

・教職員・児童生徒・保護者向け「ヤングケアラーサポートクラス（YCSC）」の実施：「ヤングケアラーの専門家」もしくは「元ヤングケアラー」を講師として招聘し、講演会を実施するとともに、福祉部職員と教育局職員による支援の具体策に関する説明会をセットで行う“出張授業”を実施する。

［内容］

　講演会と説明会の 2 部構成からなります。

①講演会：ヤングケアラーの現状／どのような支援が望まれるか／学校として行うべき対応など。

②説明会：地域包括ケア課＝福祉的支援の方法とその手続き、流れなど 人権教育課＝学校としてできる対応など。

3. 北海道栗山町の取り組み

　北海道栗山町では全国の市町村で初めて「ケアラー支援条例」が制定されています。その取り組みは、2010年9月より「ケアラーの実態調査」を開始されており、2012年には「ケアラー手帳の配布」を開始、2013年には「ケアラーサポーター養成研修」を開催、その後、2014年には「アセスメントシート」を導入し、2015年には「ケアラーサポーターによる訪問」を開始しています。

　2019年には、「第1回栗山町ケアラー支援推進協議会」を発足させ、「第2回栗山町ケアラー支援推進協議会」を開催し、ケアラー支援専門員の配置を始めています。

　その後は「ケアラー支援学習会」「ケアラー支援相談専門ダイヤル開設」「スマイルサポーター出張相談の開始」「家族介護支援者交流会開始」などを行いながら推進協議会行い、2021年4月1日に「栗山町ケアラー支援条例」の施行に至りました。

　この条例では、「将来にわたり、多くのケアラーが日常生活や心身の不安を抱えることなく、また、地域から孤立せず、安心して介護や看護などをすることができる地域づくりを目指す」ことを目的とし、ケアラーの定義も「家族に代わり家事や入浴、トイレの介助、さらに、幼い兄弟の世話などをする18歳未満の子どもも含まれる」とされており、若年者のケアラーについても対象としています。

4. 三重県名張市の取り組み

　ケアラーの孤立化や離職、心身の不調などが全国的な問題となっている中、家庭の事情により本来、大人が担うようなケアを行っている18歳未満のケアラーの実態について、2020年12月から2021年2月にかけて厚生労働省および文部科学省が全国調査を行いましたが、名張市でも2020年8月に市内の小中学校に実施。28件の事例を把握しました。

　これらのことを鑑み、全てのケアラーが健康的で文化的な生活を営むことができるよう、社会全体で支援するため、「名張市ケアラー支援の推進に関する条例」制定が進められました。

　名張市ケアラー支援の推進に関する条例制定は埼玉県、北海道栗山町に続き、全国で3例目です。2021年6月30日に制定されたその内容では、ケアラーの定義を「高齢、身体上又は精神上の障害、疾病などにより援助を必要とする親族友人その他身近な人に対して、無償で介護、看護、日常生活上の世話その他の援助を提供する者」、ヤングケアラーを「ケアラーのうち18歳未満のもの」としています。

　その中で市の責務は各制度間の連携を図りながら、ケアラー支援に関する施策を総合的かつ計画的に実施するものとし、市民、事業者、関係機関それぞれの役割を定義し、明確化しています。そして、広報および啓発、人材の育成、体制の整備を行っていくものとしています。

　そのほか、専門職の"リンクワーカー"による寄り添い伴走型の支援や見守り体制の整備を行っています。

5. 兵庫県神戸市の取り組み

　2019年10月、幼稚園教諭だった20歳代女性が認知症のある90歳の祖母を殺害する事件が発生しました。公判では、複雑な家庭環境から頼れる相手がおらず、一人で介護を続け、孤立を深めていった背景が明かされました。

　2021年3月「神戸市子ども・若者ケアラー支援マニュアル」を策定。本来大人が担うと想定されるような家事や家族の世話などを日常的に行っている子ども「ヤングケアラー」への支援施策について、神戸市では18歳未満の児童だけでなく、20歳代の人も含めて施策の対象としていることから、「子ども・若者ケアラー」と定めました。

　対応機関は18歳未満の場合は各区役所の「子ども家庭支援室」、18歳以上の場合は「子ども・若者ケアラー相談・支援窓口」としています。

[子ども・若者ケアラー相談・支援窓口]

　子ども・若者ケアラー当事者や、関係者からの相談を受け付け、ケースに応じた支援へとつなげていく専門機関として、2021年6月1日に神戸市立総合福祉センター1階に開設されました。

・受付時間：平日9時〜17時（土日祝日・年末年始除く）

・受付方法：①電話② E メール③来所

・対応業務：相談への対応、相談ケースに応じた支援方針や支援計画の検討・決定、介
護保険サービスや障害福祉サービスなどの公的サービスの活用に向けた調整、ご家族
に対するアプローチ、学校などにおける見守り、寄り添い、ケアラー同士の交流・情
報交換のための居場所づくり。

　また、「神戸市子ども・若者ケアラー支援マニュアル」では子ども・若者ケアラーに
ついて本来守られるべき子ども自身の権利を侵害されている可能性があることに次のよ
うに触れています。

◆ 10 代後半の子ども・若者ケアラー：大学などへの進学やまたは就職に向けて、ケア
が必要な家族との関係に悩んだり、周囲の同世代をみて「自分の将来は大丈夫なのか」
と違和感・焦燥感をもったりする人も多い。

◆ 20 代の子ども・若者ケアラー：仕事と介護を両立や、結婚・子育てなど自身のライ
フステージの変化とケアが必要な家族との関係に悩む人も多い。

　子ども・若者ケアラーであった子どもは友人関係を築きにくかったり、周りの人に頼
るという経験をもてず、大人になっても周りを頼れず、課題を抱え込んでしまう（「神
戸市子ども・若者ケアラー支援マニュアル」引用）。

　上記のように、「子ども・若者ケアラーに"気づく"ことが必要」としています。

　ただ、子ども・若者ケアラーであることを自身で認識することは難しく、自分がケア
をしていることを誰にも話していないケアラーが半数以上という調査結果からも、家族
以外が把握することは簡単ではないと指摘しています。

　一方で、「第三者が気づくことのできる＜様子＞や＜状況＞の例もあり、身近にいる
関係者がこれを認識することで、少しでも多くの子ども・若者ケアラーを発見・支援す
ることが可能となる」として、

◆福祉・児童関係者や教員などの身近で接する人々（関係者）が、子どもがしている手
伝い・家族の世話が"ケア"かもしれないという 視点をもつことが大切。

◆関係者・地域住民への 啓発・理解の促進が重要。「子ども・若者ケアラーに気づくと
いうことに力を入れてほしい（同マニュアル引用）」と訴えています。

　2021 年度は当事者からのヒアリングなどをもとに、次のような取り組みを行うとし
ています。

①相談・支援窓口の設置・関係者および当事者からの相談を受け、支援の調整を担う窓口を設置。

②交流と情報交換の場・主に高校生以上の当事者同士が交流・情報交換ができる場づくり。

※小学生・中学生には、子どもらしく過ごせる場として、市内団体が実施する「子どもの居場所（「食事の提供」や「学習支援」などを実施)」を紹介する。

③身近な方々への理解の促進・学校、福祉、児童の関係者に対し、研修や事例検討を通して 子ども・若者ケアラーへの理解の促進を図る。

6. 兵庫県尼崎市の取り組み

　尼崎市では 2019 年度に、京都ユースサービス事業視察 、ヤングケアラー定例会議の開始 、関係機関での研修実施 、イギリスからの講師 2 名を招きシンポジウムを開催。2019 年度には、ヤングケアラー定例会議の継続 、ヤングケアラーミーティング（当事者を交えたバーベキュー、支援者・ボランティアとの対話、事例検討会を実施〈2020年 1 月 28 日〉)。

　2020 年度には、事例検討会の実施（ 3 回目実施)、ヤングケアラー・インタビューの実施、教員向け研修の実施、ヤングケアラーに関するアンケート調査（介護・相談支援事業所・地域包括支援センター）といった取り組みを続けています。

　2019 年 2 月 23 日に開催したシンポジウム「家族のケアを担う子どもたち"ヤングケアラー"への支援を考える～イギリスの支援団体の取組みから学ぶ～」では、日本で認知度の低い「ヤングケアラー」の現状の認知・理解を目的に、先進的な支援が行われているイギリスのヤングケアラー支援団体「Winchester Young Carers」から 2 名の講師を招き、開催されました。

　内容としては濱島淑恵氏（大阪歯科大学医療保健学部准教授）と元ヤングケアラーの対談や、「イギリスにおけるヤングケアラー支援～ Winchester Young Carers の活動から～」というテーマでスピーチやパネルディスカッションが行われました。

　今後の支援の展開として、

①重層的支援体制の構築：庁内横断的に関係部局が集まり、対応方法や庁内体制などについて検討。

②早期発見：ヤングケアラーを発見するためのアセスメントシートを作成し、学校や関係機関での活用につなげる。

③支援者のスキルアップ：外部も含めた関係者によるプロジェクトチームの運営や事例検討会の継続実施。

を予定しています。

7. 京都市の取り組み

　京都ユースサービス協会事業が中心に、子ども・若者ケアラー当事者のつどい「いろはのなかまたち」や子ども・若者ケアラーをテーマとした事例検討会を定期的に開催しています。

【これまでの取り組み】

＜2017 年＞

・3 月　家族の変化と子ども・若者ケアラー増加の背景についての解説およびケアラー支援の方向性

・8 月　ヤングケアラー支援の射程　きょうだい支援者の語りからの事例検討

・11 月　高校生調査報告

・12 月　高校生ケアラー事例報告（スピーカー：高校養護教諭）

＜2018 年＞

・2 月　20 代若者ケアラー事例報告①②

・6 月　外国ルーツの若者ケアラー事例（ＮＨＫの特集番組『さやかとりき』を観る）

・8 月　精神疾患をもつ家族の元若者ケアラー当事者による事例提供、解説

・10 月　元当事者による事例提供と対談（クロストーク）

＜2019 年＞

・1 月　「横浜ヤングケアラーヘルプネット」の活動事例〜当事者の場づくりを考える〜

・6 月　ゲスト（「若年性認知症」の親のケア経験者）による事例提供

・12 月「統合失調症」の親のケアを担う 20 代の当事者の方を招いた事例提供

＜2020 年＞

・12 月　保健室の「声」から考える

＜2021 年＞

・3 月　若者ケアラーの "声" をもとに考える

（京都ユースサービス協会 HP より）

8. ケアマネジャーの視点から

　県や市町村が、それぞれ、条例の制定や実態調査、相談窓口などを設けています。特に、ケアラー支援条例が制定された埼玉県では高校生らの実態把握や有識者会議が進み、神戸市ではプロジェクトチームが立ち上がり「神戸市子ども・若者ケアラー支援マニュアル」を策定、そして相談窓口が設けられ、行政関係者らが問題意識を共有し、解決策を探っている状況です。

　このことから、ケアマネジャーの現場で常に感じていることは、地域によって差があっていいのだろうか、ということです。ケアを必要とする人の状況を踏まえながら、ヤングケアラーである子どもたちの気持ちに寄り添い、慎重にアセスメントを行い、支援計画を立てていく必要があるため、全国統一した仕組みづくりや支援の標準化を進めていかなければならないのではないでしょうか。

　私たち大人が客観的に見たときに、ケアを担っているために子どもの選択肢が狭まると、将来の選択の幅も狭まるかもしれません。学校の先生をはじめ、地域住民や専門職などが力を合わせて、大人が情報提供を行い、選択肢を提供する必要があります。そのためには、子どもの幸福のために仕組みづくりを構築していくことが何よりも重要だと考えています。

　介護を担う、あるいは担ってきた若者たちが、自信をもって自分の人生を生きられる社会を実現していくことが強く求められます。

	主な担当部署	取り組み
埼玉県 総人口/7,393,780 65歳以上/1,959,531 高齢化率/26.5% (2021年1月時点)	・埼玉県教育局市町村支援部 ・埼玉県福祉部地域包括ケア課	埼玉県ケアラー支援条例 **（全国初のケアラー支援に関する条例として2020年3月31日施行・公布）** **埼玉県ケアラー支援計画策定（2021年度～2023年度）** ケアラーに関する実態調査／有識者会議 ケアラー支援WEBセミナー（包括向け） ケアラー支援WEB講座（県民向け） 地域包括ケアマンガ（県民向け）
北海道栗山町 総人口/11,495 65歳以上/4,625 高齢化率/40.2% (2020年10月時点)	・栗山町町役場福祉課高齢者医療 　介護グループ ・栗山町社会福祉協議会	ケアラー支援条例の制定（2021年4月施行） ケアラー実態調査 ケアラーサポーター養成研修 ケアラーアセスメントシート導入 ケアラーサポーター訪問開始 栗山町ケアラー支援推進協議会発足 ケアラー支援学習会／ケアラー支援相談専用ダイヤル開設 スマイルサポーター出張相談開始　家族介護者交流会開始
三重県名張市 総人口/77,212 65歳以上人口/25,644 高齢化率/33.2% (2021年5月時点)	・福祉子ども部医療福祉総務室	ケアラー支援の推進に関する条例の制定について （「ケアラー支援条例案」2021年6月議会で提出する方針） 他、専門職「リンクワーカー」による寄り添い伴走型の支援や見守り 体制の整備
兵庫県尼崎市 総人口/450,750 65歳以上/127,630 高齢化率/28.3% (2021年2月時点)	・尼崎市こども青少年局	ヤングケアラー定例会議／ヤングケアラーミーティング 教員向け研修／事例検討会 ヤングケアラーに関するアンケート調査 研修、シンポジウムの開催 講演会 「家族のケアを担う子どもたち"ヤングケアラー"への支援を考える 　～イギリスの支援団体の取組みから学ぶ～」
兵庫県神戸市 総人口/1,511,393 65歳以上/433,292 高齢化率/28.5% (2021年4月時点)	・福祉局 ・健康局 ・こども家庭局 ・教育委員会事務局	20代も含めた「子ども・若者ケアラー相談・支援窓口」（6/1開設） 当事者だけでなく、関係者からの相談を受付 「子ども・若者ケアラー支援マニュアル」 神戸市ヤングケアラー等支援プロジェクトチーム発足（2020年11月） 市民福祉セミナー 「ヤングケアラー～家族のケアを担う子どもたち～」をオンラインで開催
京都府京都市 総人口/1,464,890 65歳以上人口/411,570 高齢化率/28.2% (2020年9月時点)	・京都ユースサービス協会	子ども・若者ケアラー当事者のつどい【いろはのなかまたち】開催 子ども・若者ケアラーをテーマとした事例検討会を定期的に開催 （高校生ケアラー事例報告、20代若者ケアラー事例報告、 「若年性認知症」の親のケア経験者による事例提供、 「統合失調症」の親のケアを担う20代の当事者の方を招いた 事例提供等多岐にわたる）

表1／自治体の取り組み状況

参考資料

・埼玉県ホームページ

　埼玉県ヤングケアラー支援施策（埼玉県福祉部地域包括ケア課）

　教育委員会におけるヤングケアラー支援施策（埼玉県教育局市町村支援部人権教育課）

・埼玉県ケアラー支援に関する有職者会議資料等、47ページに細述

第5章 ヤングケアラー支援の考え方

1. ケアマネジャーだからこそやるべきこと

　介護保険の理念や制度をケアラー支援に含めるために、要介護者とその家族の問題に直面しているケアマネジャーだからこそ「ヤングケアラー問題」や諸問題に関心を寄せ、社会に発信していくことが重要であると考えています（図1）。現場のケアマネジャーは高齢者だけでなく、次代を担う若者の現実にも目を向けることが大切です。

　　ヤングケアラーに関する施策は、ケアマネジャーの役割でもあります。関わる家族にヤングケアラーがいないか、早期発見と適切なアセスメント、機関への相談、子どもをキーパーソンとはしない介護・福祉サービスの調整が必要だと考えます。

　　ケアマネジャーは介護を必要とする要介護認定を受けている方々の支援が主な業務です。しかし、子どもの問題についても専門外ではなく、利用者を取り巻く〝環境〟や現場に潜む課題を、ケアマネジャーだからこそ把握できるのではないでしょうか。子どもたちや若者の将来を守るために、ケアマネジャーはヤングケアラーに支援できることを考えていく必要があると思います。

図1／ケアマネジャーだからこそやるべきこと

2. ヤングケアラー支援のポイント

　ヤングケアラー支援の主なポイントとして次の五つが挙げられます（図2）。

1. 子ども・若者に気づくことが大切（認識を高める）

　子ども・若者ケアラーへの支援の難しさの一つが「支援が必要な状況であること」を子どもや若者自身および保護者などが認識していないケースが多い点です。支援の必要性を認識していない場合、外部の人・機関が家庭内の事情に関わることについて抵抗感をもつことがあり、そのため、まずは子ども・若者自身が自分の状況を理解し、支援を受けることを納得できるよう向き合うことから始める必要があると考えています。

２. 介護される側、介護する側の尊厳を守る

　介護される側と介護する側の両面から介護の本質をケアマネジャーが理解し、孤立や偏見・差別のない、一人の人間として尊厳を大事に考えた社会を目指すシステムの構築が必要であると考えています。

3. 支援を受けることを納得できるよう向き合うことが大切

　子ども・若者自身が、自分の状況を理解し支援を受けることを納得できるよう向き合い信頼関係が形成できることから始める必要があると考えています。

4. ケアを担っていることを否定しない

　子ども・若者ケアラーは、自分がケアをすることが当たり前だと思っていたり、周りからの期待に応えるためにケアを行っていたりする場合も想定されます。ケアを行っていること自体を否定したり、逆に過度に評価したりするのではなく、本人の状況を認めたうえで、「いつでも助けを求めてもいいよ」、「自分の人生を生きてもいいよ」ということを伝え、ほかの選択肢もあることを示すことが重要だと感じています。

5. メンタル面をサポートする

　子ども・若者ケアラーと接する際は事業部の独自のケアラーアセスメント表を活用し、「家族の状況やケアしていることについて、誰かに話せているか」「本人が相談できる、理解してくれると思える相手が近くにいるか」などをアセスメントしています。

　また、支援を受けることによりケアから解放されたり、ケアを軽減されたりした場合、そのことに罪悪感を抱いてしまわないように接していくことが重要だと感じています。子ども・若者ケアラーに対しては、メンタル面をサポートしつつ、自身の将来を考え、自分の人生を歩むことができるよう、一緒に考えたり助言したりする存在となることが重要だと考えています。

①	子ども・若者に気づくことが大切（認識を高める）
②	介護される側、介護する側の尊厳を守る
③	支援を受けることを納得できるよう向き合うことが大切
④	ケアを担っていることを否定しない
⑤	メンタル面をサポートする

図2／支援のポイント

第6章 現場からの政策提言

1. 区市町村への提言

　区市町村はヤングケアラーの早期発見、適切な支援を行うために、ヤングケアラー条例を制定し、地域福祉計画、高齢者保健福祉計画、障害福祉計画などにもヤングケアラー支援施策を位置づけ、関係機関や民間団体との連携協力体制を整備することが必要だと感じています。

　具体的には、これまで行政が構築してきた「民間団体・地域住民とのネットワーク」を活用し、個別支援にいたる各段階において関係機関・団体、主に、教育分野、障がい分野、高齢者分野、社協関係、児童関係、地域関係と連携・協力し、行政がヤングケアラーと受理したケースについて行政主催によるサービス調整チーム会議に加え、モニタリング会議を開催するなど、ケースによっては生活保護ワーカー、保健所、警察などと連携し、多面的な支援やSNSを使った相談体制の構築を行うことが重要だと考えます。

　この「サービス調整チームの代表者（地域のソーシャルワーカーなど）」を構成する者が、主に「ヤングケアラー支援の担当」に相当し、ケースに応じて区市町村とともに対応策を検討し、支援を計画することが望まれます。また、効率的・効果的に住民の実態把握を行い、地域から支援を必要とする子どもを見出し、相談機関につなげるとともに、適切な支援、継続的な見守りを行い、さらなる問題の発生を防止するために地域におけるさまざまな関係者のネットワークを構築していくことが必要であると推測しました。それを踏まえて、地域の実情に応じて、以下の三つの機能にまとめ、「ヤングケアラー支援ネットワーク」の構築も業務の一つとなるのではないかと仮説を立てました（図1）。

1．民生委員、NPO、自治会などからなる「早期発見・見守りネットワークサークル」
2．高齢、障害者事業者などからなる「福祉機関介入支援サークル」
3．警察、法律関係者、医療機関などからなる「関係機関介入支援サークル」

　地域社会から孤立させない、または介護負担の軽減を図るには、行政、専門職、民生委員や近隣住民が関心をもち、早期発見、見守りや適切な支援を続けることで問題が深刻化する前に解決することが望まれます。

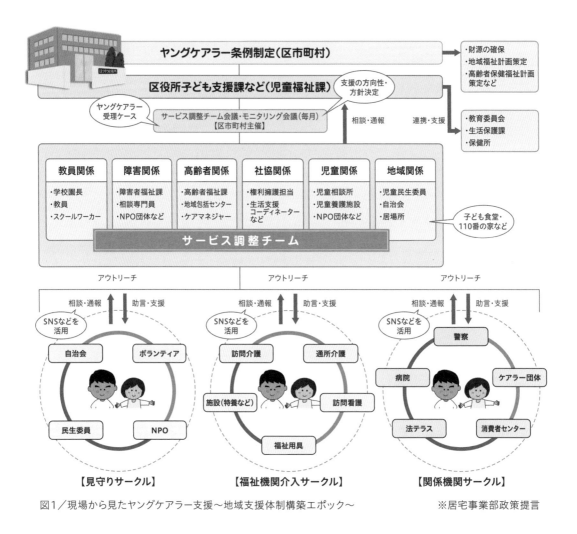

図1／現場から見たヤングケアラー支援〜地域支援体制構築エポック〜　　　　　※居宅事業部政策提言

2. ヤングケアラー支援プロセス

「サービス調整チームの代表者」を構成する者が、主に「ヤングケアラー支援の担当」を担い、アセスメント、支援計画書の作成、モニタリング、サービス調整会議、モニタリング会議の参加を実施していくことで課題を解決し、継続的マネジメントプロセスを構築することが必要だと感じています。また、共通の目標に沿って支援していくには、アセスメントシート、支援計画書について区市町村独自で様式を作成し標準化を図っていくことや、区市町村主催でサービス調整会議やモニタリング会議の開催が必要といえます。

この一連のマネジメントサイクル（PDCA サイクル）を繰り返すことで地域の課題

が抽出され、新たなセーフティネットの実現に向けて地域づくりへと発展し、さまざまな団体へと波及し、「子どもの思いを地域で支える」仕組みづくりが構築できるのではないかと考えます（図 2）。

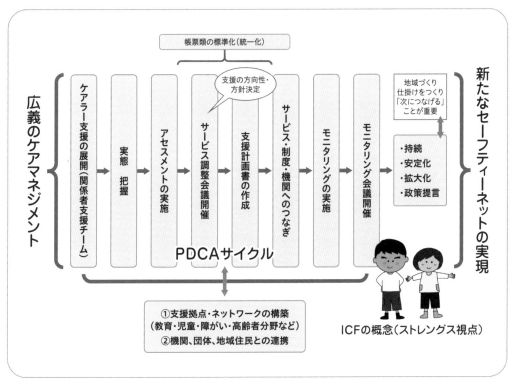

図2／ヤングケアラー支援プロセス　　　　　　　　　　　　　　　　　※居宅事業部政策提言

3. 重層的支援体制の構築

　行政や地域の専門職は、SOS を自分から発信できない子どもたちが潜在化していることを認識することが大切だと感じています。地域の中で活動することを通して、子どもや地域住民の声を基に行政や民間団体、専門機関が、問題が重篤化する前に発見・介入し、孤立をさせないように、ヤングケアラーの周知・啓蒙活動、実態把握を通し、必要なサービスへつなぐとともにアウトリーチによる支援体制の仕組みづくりを構築し、子どもとの信頼関係の形成づくりや地域づくりに取り組むことが重要だと感じています。行政や専門職はアウトリーチもしながら、世帯全体に関わる複合的な課題を包括的

に受け止め、ニーズに対応したセーフティネットを整備する必要があります。

　特に、家庭と学校で子どもを見守る大人・地域の目が大切になると思います。家庭における家族の介護や支援についてはケアマネジャーなどがモニタリングの際に状況把握することが重要です。一方、学校での子どもの様子を最も把握しているのは担任の教師です。教育・福祉・医療などが情報共有できる重層的な支援が構築できる仕組みづくりが求められているといえます。

　ヤングケアラーと認識せず「家族のため」と、手に余る介護や世話に明け暮れ、自身の将来の夢を諦めざるを得ない子どもたちが現在も少なからず存在し、時には虐待へ発展し事件になることもあるため、ヤングケアラーの認知度・認識度を高め、即効性のある相談・支援体制の構築が急務であると感じます。

　最後に、地域に点在する人材や拠点、個々で行っている取り組み（子ども食堂・サロン・カフェ・子ども支援教室など）を有機的につなぎ合わせ、利用者や地域社会に対する支援の網の目を密にすることを目指したボトムアップによる一体的な取り組みを進めていくことが重要と考えます。そして、今後、「高齢者・障害者・児童の制度」にとどまらない、複雑なニーズへの対応や地域の多様な専門分野の人材・拠点を結び、行政、民間団体など多職種連携による支援体制を整えるとともに「制度の枠にとどまらないケアマネジメントの在り方、ミクロからマクロ領域の取り組み」が必要だと現場では強く感じています（図3）。

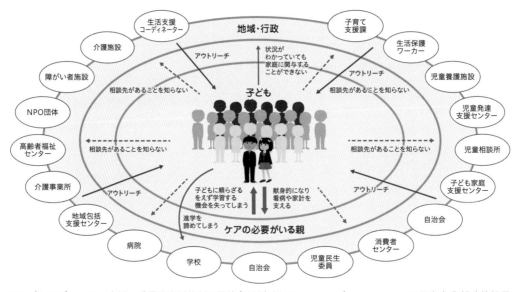

図3／ヤングケアラー支援　重層的支援体制の構築（地域包括ケアシステム）　　　　※居宅事業部政策提言

【参考資料】

● © 一般社団法人日本ケアラー連盟 /illustration：Izumi Shiga

　日本ケアラー連盟「ヤングケアラーはこんな子供たちです」

●厚生労働省　ヤングケアラーの支援に向けた福祉・介護・医療・教育の連携プロジェクトチーム　とりまとめ報告　2021 年 5 月 17 日

●ヤングケアラーの支援に向けた福祉・介護・医療・教育の連携プロジェクトチーム第 3 回会議　2021 年 4 月 26 日

●厚生労働省　全国母子世帯等調査（2011 年以前）、全国ひとり親世帯等調査（2016）

●政府統計の総合窓口（e-Stat）住民基本台帳に基づく人口、人口動態及び世帯数調査

● 2020 年度　ヤングケアラー実態に関する調査研究（三菱 UFJ リサーチ＆コンサルティング株式会社）

●三菱 UFJ リサーチ＆コンサルティング株式会社「ヤングケアラーの実態に関する調査研究報告」

● NHK 首都圏ナビ 2021 年 4 月 30 日「ヤングケアラー支援の先進地イギリス ソール・ベッカー教授に聞く」

●埼玉県ホームページ

●埼玉県におけるヤングケアラー支援施策／埼玉県福祉部地域包括ケア課（会議資料）

●教育委員会におけるヤングケアラー支援施策／埼玉県教育局市町村支援部人権教育課（会議資料）

●北海道栗山町ホームページ

●栗山町ケアラー支援条例逐条解説

●栗山町ケアラー支援条例（イメージ図）

●名張市ホームページ

●名張市ケアラー支援の推進に関する条例の制定について（教育民生委員会協議会資料）

●兵庫県ホームページ

●神戸市ホームページ

●神戸市子ども・若者ケアラー支援マニュアル

●尼崎市におけるヤングケアラー・子ども支援／尼崎市子ども青少年局子ども青少年部子ども青少年課　江上昇係長（資料）

●京都市ユースサービス協会ホームページ

第7章　ヤングケアラースクリーニングシート「あなたについて教えてください」の使い方

1.「YC-QST-20」を基に独自のスクリーニングシートを作成

　ヤングケアラーは表面化しにくく、非常に繊細な問題です。私たちケアマネジャーがヤングケアラーを見つけ、ケアラーとしての子どもの役割とニーズを知り、早い段階で適切な支援につなぐことができるようにするためにはどのようにすべきなのか、奉優会事業部内で検討を繰り返しました。

　すでに作成されていた「ケアラーアセスメントシート」では、子どもたちの状況を把握することは難しいため、子ども自身が自己記入可能な質問票が必要となりました。

　子どもたちの回答がどのようなことを意味するのか、得た情報を無駄にしないためにも、長きにわたり施行された研究に基づき作成されたイギリスのヤングケアラー研究グループ（YCRG：Young Carers Research Group）が作成した「YC-QST-20」を基に、私たちは22歳以下を対象にしたスクリーニングシート「あなたについて教えてください」を作成しました（右ページ参照）。

2. 使用目的と特徴

　「あなたについて教えてください」では、子どもたちが回答しやすいようにクローズド・クエスチョンを基本にしています。

　この質問票は、さまざまな用途があります。

①ヤングケアラー発見のためのスクリーニングの道具

　慢性的な病気や障がいをもつ家族と一緒に住み、その家族のケアをしている可能性のある子どもたちに対してスクリーニング目的で使用します。

②子どもたちの理解度を測る

　子どもたちが、自分の家族の病気や障がい、自分のケア責任がどんなものか、その責任の程度、ケアラーとしての自分のニーズについて、どれぐらい理解しているかを測る

あなたについて教えてください

HOUYUKAI Action by Glocalization

記入日　令和　　年　　月　　日

1	病気の家族といっしょにくらしていますか？	はい	いいえ	わからない
2	それは、だれですか？（お父さん・お母さん・きょうだいなど）			
3	その人が病気になったのは、いつですか？			わからない
4	その人の病気がどんな病気か、知っていますか？	はい	いいえ	わからない
	「はい」の場合、それは何ですか？			
5	その人は、病院に通っていますか？	はい	いいえ	わからない
6	その人は、専門の人からサポートを受けていますか？	はい	いいえ	わからない
	「はい」の場合、何のサポートを受けていますか？			
7	家族の病気について、その病気があなたにどんな影響があるか、あなたに説明してくれた人はいましたか？	はい	いいえ	わからない
	「いいえ」の場合、説明してほしいと思いますか？			
	「はい」の場合、それはあなたの役に立ちましたか？	はい	いいえ	わからない
8	その病気について、本人と話したことはありますか？	はい	いいえ	わからない
	「いいえ」の場合、それはどうしてですか？			
	「はい」の場合、それはあなたの役に立ちましたか？	はい	いいえ	わからない
9	その人が病気のために、あなたは家の中で料理や掃除 など、生活のサポートをしていますか？	はい	いいえ	わからない
	「はい」の場合、どんなサポートをしていますか？			
10	あなたは、その人の介助をしていますか？（お風呂・着替え・移動の手伝い、薬を飲ませる など）	はい	いいえ	わからない
	「はい」の場合、どんなサポートをしていますか？			
11	あなたは、その人やほかの家族のこころのサポートをしていますか？（そばにいる・元気づける・話を聞く など）	はい	いいえ	わからない
	「はい」の場合、どんなサポートをしていますか？			
12	家の中で、病気の家族をサポートしている人は、あなたのほかにいますか？	はい	いいえ	わからない
	「はい」の場合、それは誰ですか？			
	「いいえ」の場合、それはなぜですか？			
13	あなたは、どのくらいの期間家族のサポート・介助をしてきましたか？		年	ヶ月
14	1週間に何時間ぐらい、家で家族のサポートに時間をつかっていますか？			
15	家族のサポートをすることは、あなたが自分のために使う時間（学校に行く・友達と遊ぶ・宿題をする時間など）に影響していますか？	はい	いいえ	わからない
16	家族の病気についてもっと理解できるように、誰かに助けてもらいたいですか？	はい	いいえ	わからない
17	あなたがして欲しいと思うサポートや手助けはありますか？	はい	いいえ	わからない
18	どんなサポートや手助けがほしいですか？			
19	あなたは何歳ですか？			歳
20	あなたの性別は？	男性	女性	無回答

ことができます。

③次の支援につなげる

　介護やケアが必要とされているところに、何らかの理由で支援の手が足りていないために、子どもや若者が動員されている状況を「ヤングケアリング」といいますが、この質問票を使ってヤングケアリングが発見された場合は、アセスメントシートなどほかのシートを利用することで、子どもたちの生活におけるケアの程度や影響を確認しながら、必要な次の支援につなげていくことができます。

　「あなたについて教えてください」の特徴として、医療・福祉・教育の専門職がヤングケアラーを見つけ、その支援のニーズを知るために、質問票の内容を作り替えたり、ある統計データを出すために作り替えたりすることも可能となっています。また、各質問に対する回答の意味するところは、「解説」を参考に判断できるようになっています。

　なお、解説書には、質問の目的と解説が記載されています。

3. 質問の解説

●質問1・2

質問1	病気の家族といっしょに、くらしていますか？
質問2	それは、だれですか？（お父さん・お母さん・きょうだいなど）

　子どもたちがケアを行う場合、慢性的な病気や障がいをもつ親をケアする傾向が強いとされており、さらに、ひとり親家庭であって、その親に病気や障がいがある場合には、高いレベルのケアを行っている可能性があります。

　質問1・2は、子どもが、病気や障がいがある家族と一緒に住んでいるのか、住んでいるとすれば、誰と暮らしているのかを明確にするためのものです。

　スクリーニングをする際に、「病気や障がいをもつ親や家族と一緒に住んでいる子どもはケアをしている」と、最初から断定するのではなく、「今後ヤングケアリングを引き起こすきっかけと成り得る」というように見るべきです。

●質問 3

> 質問 3　その人が病気になったのは、いつですか？

　質問 3 は、家族の病気や障がいがどのくらい続いているのかを明確にするための質問です。

　あとの質問でも出てきますが、何の支援もなしに長い期間（通常 2 年以上）ヤングケアリングが続いた場合は、子どもの発達に支障が生じる場合があり、家族の病気や障がいが、ある程度の期間続いているようであれば、早めに適切な支援を行うことが重要です。

●質問 4・5

> 質問 4　その人の病気がどんな病気か、知っていますか？
> 　　　　「はい」の場合、それは何ですか？
>
> 質問 5　その人は、病院に通っていますか？

　質問 4・5 は、家族の病気や障がいがどのようなものか、子どもたちがどこまで理解しているのかを明確にすることと、病院に通っているかどうか、という部分で、医学的診断がある場合には、子どもたちがそこから何を理解しているのか、ということを明確にする質問です。

　親の病気や障がいの影響を受けた家庭で暮らす子どもたちは、その病気や障がいの診断や予後について、きちんと理解していないことが多いとされています。

　また、「質問 4」に「いいえ」と回答した場合、つまり、どんな病気なのかを知らない場合には、その子どもの年齢に合った情報提供をする必要があります。

> | 質問6 | その人は、専門の人からサポートを受けていますか？
「はい」の場合、何のサポートを受けていますか？ |
> |---|---|

　これは、病気や障がいのある家族に提供されている「支援サービス」がどのようなものかを明確にするための質問です。

　適切なサービスが提供されていない場合、子どもたちの心身の健康に不適切なレベルのケアの役割を引き受けなくてはならない可能性が高くなります。

　質問に対し、「いいえ」と回答した場合、つまり、何の支援も受けていないと回答した場合は、家族全体のニーズを理解し、総合的なアプローチを行うことが必要です。

●質問7

> | 質問7 | 家族の病気について、その病気があなたにどんな影響があるか、あなたに説明してくれた人はいましたか？
「いいえ」の場合、説明してほしいと思いますか？
「はい」の場合、それはあなたの役に立ちましたか？ |
> |---|---|

　医療や福祉の専門職の話し合いに、子どもたちが含まれているかどうかを明確にするための質問です。

　このような話し合いには、子ども自身が含まれないことが多く、サービス利用者が親である場合、「親としてのニーズ」を見落としてしまう可能性があります。

　利用者への支援の必要性が見えたとしても、その利用者が「親」である場合、利用者が行うべき「親としての行動」、「本来、親が行うべき子への対応」というものができない場合の支援、対応をどうするか、といった話し合いが抜けがちです。

　そして、質問に対し、「いいえ」「わからない」と回答した場合、つまり、家族が患っている病気や障がいが、子どもたちにどのような影響があるかということをわかっていない子どもに対しては、子どもへの支援の提供や、ヤングケアラーと家族のニーズの両方のアセスメントが必要であることを示しています。

●質問 8

質問 8	その病気について、本人と話したことはありますか？ 「いいえ」の場合、それはどうしてですか？ 「はい」の場合、それはあなたの役に立ちましたか？

　親や家族と、病気や障がいについてどの程度話ができているかを明確にするための質問です。

　自分の親や家族と、病気や障がいについてオープンに話すことができる子どもたちは、これらの病気や障がいに対処できる子が多いといわれています。

　質問に対し、「いいえ」「わからない」と回答した場合、つまり、病気について話したことがない場合は、家族の生活に影響を与えている病気・障がいの問題について、コミュニケーションができるように手助けすることが必要です。

●質問 9〜12

質問 9	その人が病気のために、あなたは家の中で料理や掃除など、生活のサポートをしていますか？ 「はい」の場合、どんなサポートをしていますか？
質問 10	あなたは、その人の介助をしていますか （お風呂・着替え・移動の手伝い・薬を飲ませるなど） 「はい」の場合、どんなサポートをしていますか？
質問 11	あなたは、その人やほかの家族のこころのサポートをしていますか？ （そばにいる・元気づける・話を聞くなど） 「はい」の場合、どんなサポートをしていますか？
質問 12	家の中で、病気の家族をサポートしている人は、あなたのほかにいますか？ 「はい」の場合、それは誰ですか？ 「いいえ」の場合、それはなぜですか？

質問 9 〜 12 の目的は、次の三つです。

①対象の子どもが、実際に家でケアを提供しているか。

②ケアの責任はどんなものか。

③ケアの責任を一人で負っているのかどうか。

　子どもたちは必ずしも、自分がケアラーであると自覚したり、ケア責任の範囲を認識しているわけではなく、生活の中で少しずつ引き受けてきたものであったり、生活の一部として子どもたちの日々の活動の中に組み込まれてしまっていることが多くあります。

　また、心のサポートを「ケア」とは捉えておらず、知らないうちに高度な心理的サポートを行っている可能性もあります。

　子どもたちが、「子どもとしての自分の生活」（宿題をする、友達と遊ぶ、部活動など）に使える時間に大きな影響を及ぼすため、子どもたちが担っているケア内容を明確にすることは、とても重要です。

●質問 13・14

> **質問 13　あなたは、どのくらいの期間、**
> 　　　　　**家族のサポート・介助をしてきましたか？**
>
> **質問 14　1 週間に何時間ぐらい、**
> 　　　　　**家で家族のサポートに時間をつかっていますか？**

　質問 13・14 は「子どもたちが、ケアを提供してきた期間」を明確にするための質問です。

　子どもたちの人生の早い時期にケアが発生していて、それが長期にわたって、その子の年齢や成長の度合いに不釣り合いなものであった場合、子どもたちは自分の健康や幸せ、自己評価において、不利な結果を経験することが多いとされています。

　特に何の支援もなしに、ケアを 2 年以上続けた場合、このような影響はより深刻になります。

●質問15

> 質問15　家族のサポートをすることは、あなたが自分のために使う時間（学校に行く・友達と遊ぶ・宿題をする時間など）に影響していますか？

　ケアが子どもに与えている影響を明確にするための質問です。

　「ケア」は、子どもの発達や身体・感情面での健康、そして、大人への移行段階で多くの影響を与えることがあります。

　この質問で、「はい」または「わからない」と答えた子どもについては、ケアが及ぼす影響がどんなものなのか、より具体的に確認したい場合には、さらなるアセスメントが必要となります。

●質問16〜18

> 質問16　家族の病気についてもっと理解できるように、誰かに助けてもらいたいですか？
>
> 質問17　あなたがして欲しいと思うサポートや手助けはありますか？
>
> 質問18　どんなサポートや手助けが欲しいですか？

　質問16〜18は、子どもが病気や障がいのある親や家族と暮らす子どもとして、そしてケアラーとして、必要とされるサポートが、どのようなものかを明確にするための質問です。

　どうしてもらいたいか、どんな手助けが欲しいかなど、子どもに対してストレートに聞いています。子どものニーズを子どもの視点から理解することが重要です。

●質問 19

質問 19　あなたは何歳ですか？

　年齢の確認です。

　ある研究では、ケアを行っている子どもたちの平均年齢は 12 歳となっています。12 歳は、発達段階でいうと「学童期」（5 ～ 12 歳）に当たります。

　学校に通いはじめ、勉強をし、宿題を行うことで「計画的に課題を仕上げ、提出する」というようなことを繰り返し行っていく中で自信がつき、「自分には能力がある」と理解していきます。この時期に学校に行かなかったり、周囲の大人が適切にサポートをしなかったりすると「自分にはできない」というように、子どもは劣等感などを抱いてしまいます。

　12 ～ 18 歳の頃は、発達段階でいえば「青年期」、いわゆる「思春期」です。「自分って何なんだろう？」と自身について思い悩む時期であり、この時期に自分自身の価値を見出せなかった場合は、「何のために生きているのだろう？」と悩み続けることになります。

　このような理由から、ケアを始めたのが早期であったり、長期（2 年以上）にわたったりする場合は、子どもたちが心理的社会的発達や学業成績や大人への移行などにおいて、深刻な結果を経験することにつながるとされています。

●質問 20

質問 20　あなたの性別は？

　性別を聞いています。

　子どもが家族の中でケアの役割に引き込まれるか否か。また、その引き込まれ方というのは、ジェンダーが重要な要因となっています。

　例えば、「お兄ちゃんと妹」の二人きょうだいがいたとして、お兄ちゃん（男の子）がケアできる状況であったとしても、女の子のほうがケアをする役に選ばれる可能性が高いとされています。

　女の子がケアを行う場合、特にそれが長期にわたる場合で、その子の成長度合いや年

56

齢に合っていない、不釣り合いなケアを行っていた場合は、自己評価が低くなったり、活動力が減退したりする可能性が高くなります。しかし、男の子が引き込まれないということではなく、ヤングケアリングは、ケアラーになりそうな人がいるかどうかによって決定するため、ケアを提供できる人やそれをしようとする人が誰もいない場合には、男の子も女の子と同じくらいケアの役割に引き込まれる可能性があります。

4. ケアラーアセスメントシートについて

1．ケアラーアセスメントシートの趣旨

　ケアマネジャーは、要介護者などの心身の状況や置かれている環境、利用者本人やその家族などの希望などを勘案してケアプランを作成し、医療・介護などのサービスを提供する事業者によって必要なサービスが円滑に提供されるよう、連絡・調整する役割が求められています。さらに、住み慣れた地域でできる限り自分らしい暮らしを続けることができるような、住まいを中心として医療・介護・予防・生活支援といったサービスを一体的に提供する地域包括ケアシステムの構築に向け、個々のサービスの連絡・調整だけでなく、家族支援も行っていくことにより住み慣れた自宅で生活することが続けられます。

　私たちは、専門職としての専門性を確立するとともに、これまで以上にさまざまな関係者に対し、要介護者や家族（ヤングケアラーを含む）の課題を把握した経緯をわかりやすく説明することが期待できると考えています。

2．アセスメントシートの使い方

　当居宅事業部では、介護者をメインにしたケアラーアセスメントシートを作成し、ケアラー自身のニーズや役割を知ることで、ケアラー自身がどのような影響を受けているのかを把握することができます。通常のアセスメントシートでは家族の意向を十分にくみ取れていないと感じるときなどに使用し、居宅サービス計画書（ケアプラン）に反映しています。

（1）ヤングケアラーの場合は併用して活用する

　本アセスメントシートは、「介護者の状況を確認するためのアセスメントシート」という位置づけです。ヤングケアラーの場合は質問表と併用し使用しています。また、ア

スメントやケース検討をする際などには、状況に応じてケアラー自身に直接記入していただいています。

（2）「ヤングケアラーへの支援の必要性」を確認するためのツールにも使用

　要介護、要支援者などに関係なく、当事業部ではすべての子どもについて、子どもに対する支援の必要性を認識し、虐待などで一時保護の必要性などはないか多角的に確認しています。

（3）必要に応じ関係機関などから再度情報収集を行う

　本アセスメントシートの項目すべてを確認することが難しい場合には、行政や地域包括支援センターを始めとする各関係機関などから必要な情報を再度収集し、再アセスメントを行っています。

（4）ニーズを整理し居宅サービス計画（ケアプラン）に反映

　家族支援の方向として、ケアラーアセスメントシートをサービス担当者会議や地域ケア会議などで介護者（ヤングケアラーなど）や、場合により出席者で記載し、情報を共有、そして、ケアラーアスメントシートから「橋渡しシート」にニーズを抽出します。橋渡しシートはニーズに基づいて生活環境を整える内容に「できる部分・支援する部分」の課題を整理し、介護者の前向きな意欲も測定するシートになっています。支援の根拠の強みを引き出し、居宅サービス計画書（ケアプラン）に反映させています。

　橋渡しシートは、家族などの意向を踏まえつつニーズ（生活全般の課題）を解決するために、ケアマネジャーが居宅サービス計画（ケアプラン）に掲げた目標を達成するために位置づけたサービスについて目標の達成状況を確認することができます。また、目標の期聞が終了した際に、サービス担当者会議や地域ケア会議などにおいて、目標の達成に向けてサービスを提供できたかどうかを振り返り、必要に応じて居宅サービス計画の見直しにつなげる役目も果たしています。

　介護者（ヤングケアラーなど）の心の内や生活の多彩さ、支援できる力などを引き出すアセスメントをすることが重要だと考えています。どうしたら利用者本人や介護者の意欲が引き出され、自立支援につなげていけるのか。その出発点に、援助者側の論理でアセスメントするのではなく「できることは何か」「望んでいることは何か」にきちんと目を向けることが大切だと感じています。

奉優会　居宅事業部

ケアラーアセスメントシート

≪ケアラー自身について≫

1　ケアラーの基本情報

氏名：　　　　　　　　　　　　　　　　性別：　男・女

住所：〒

電話（日中連絡先/携帯電話等）：

・連絡方法　□電話　　　　　□メール　　　　□その他（　　　　）

・連絡可能な時間帯＿＿＿＿＿＿＿＿

生年月日（年齢）：大正・昭和・平成　＿年＿月＿日＿＿歳

2　要介護との関係（ケアラーにとって要介護者は？）

□配偶者/パートナー　□自分の親　□義理の親　□子ども

□きょうだい（兄・姉・弟・妹）　□その他の親戚　□隣人・友人・知人

3　ケアラーの家族構成

4　自身と協力者について

【主介護者ですか？】

□はい　□いいえ（主介護者：＿＿＿＿＿）

【介護を手伝ってくれる家族や友人などはいますか？】

□いる　□いない

いる場合の協力者：

5　介護をしている人について

□1人　□1人以上（＿＿人　介護が必要な人：＿＿＿＿＿）

6　介護の他にケアラーがしなければならないこと

□仕事　□家事　□子どもの世話　□孫など他の家族の世話　□ペットの世話

□学業　□その他（　　　　　　　　　）

就労者や学業の場合の状態

　　勤務及び学業時間：

　　休日：月・火・水・木・金・土・日・祝・不定期

　　勤務場所：

　　通勤時間：　　　　　　　　　　　　　（出勤時間：＿＿＿＿帰宅時間：＿＿＿＿）

　　勤務中の外出はできるか？　□はい　□いいえ

　　勤務時間の繰り上げ繰り下げはできるか？　□できる　□できない

　　残業はあるか？　□はい（頻度：＿＿＿＿時間：＿＿＿＿）　□いいえ

　　出張はあるか？　□はい（頻度：＿＿＿＿国内日帰り・国内宿泊・海外）□いいえ

　　介護休暇：□取れる　□取れない

　　介護休業：□取れる　□取れない

7　健康状態、ストレスについて

　【健康状態について気になることはありますか？】

　　□ある　□ない

　　ある場合、持病や自覚症状など：

　【自分の時間、休息・休暇の時間は持てているか？】

　　□いる　□いない

　【どんな問題や悩みがあるか？】

8　相談者、支援者について

　【介護について信頼して相談できる人や窓口はありますか？】

　　□ある　□ない

　【ケアラー自身を支えてくれる人がいますか？】

　　□いる　□いない

　　いる場合の相談者、支援者：

≪介護についての考え≫

9　介護の程度と今後について

　【どれくらいの援助をしたいと考えていますか？】

　　□経済的支援　□日常生活の支援　□身体介護　□介護はしたくない

　【介護を今後も続けたいと思いますか？】

　　□はい　□いいえ

　　具体的な考え：

奉優会　居宅事業部

10　介護の現状について（ケアラーとして、どのような援助をしていますか？）
　　□買い物　　　□食事の用意（調理・配膳）・栄養管理　　□そうじ・洗濯・片付け
　　□食事の介助　　　　　□起床・就寝の介助　　　　　□着替えの介助
　　□洗面・入浴の介助　　□排泄介助　　　　　　　　　□服薬・手当の管理
　　□夜間の世話　　　　　□金銭管理　　　　　　　　　□経済面での援助
　　□安心の提供（心理面の支え・安全の確認・話し相手）□ペットの世話
　　□その他（　　　　　）□何もしていない

　　上記で負担に感じていること
　　□買い物　　　□食事の用意（調理・配膳）・栄養管理　　□そうじ・洗濯・片付け
　　□食事の介助　　　　　□起床・就寝の介助　　　　　□着替えの介助
　　□洗面・入浴の介助　　□排泄介助　　　　　　　　　□服薬・手当の管理
　　□夜間の世話　　　　　□金銭管理　　　　　　　　　□経済面での援助
　　□安心の提供（心理面の支え・安全の確認・話し相手）□ペットの世話
　　□その他（　　　　　）□ない

11　介護がケアラー自身に与える影響について（どのようなことに影響がありますか？）
　　□健康（心的負担、肉体的負担）　　　□生活リズム（休息、食事、睡眠）
　　□介護以外のケアラーの役割
　　（仕事、子どもや家族の世話、学業・資格取得、趣味・旅行、ボランティア）
　　□経済面（収入、支出、財産管理）　　□介護環境（住まい・設備）
　　□その他（　　　　　　　　）　　　　□ない

12　緊急時、急用事について
　　【介護ができなくなった緊急時には、どのような対応ができますか？】

　　【冠婚葬祭や参加したい行事など、急用事にはどのような対応ができそうですか？】

13　ケアラーが望むこと
　　【介護をもう少し楽にするために、何を望みますか？】

　　【望んでいる生活をするために、どのような援助がほしいですか？】

橋渡しシート（ストレングスシートからの展開）

	具体的なニーズ（支援の方針）	生活環境を整える内容	家族の気持ち・意欲（内心を探る）
1			
2			
3			
4			
5			
6			

【ケアラーアセスメント内容】

①基本情報

②要介護者との関係

③家族構成

④自身と協力者について

⑤介護をしている人数

⑥介護のほかにしなければならないこと

⑦健康状態、ストレスについて

⑧相談者、支援者について

⑨介護の程度と今後について

⑩介護の現状について

⑪介護が自身に与える影響について

⑫緊急時・急用事について

⑬自身が望むこと

　　橋渡しシート

謝辞

この本の出版にあたりクラウドファンディングを実施いたしました。
多くの方からご協力をいただきました。厚く御礼申し上げます。

企業スポンサー様
　慈恵会
　社会福祉法人奉優会 理事長　香取眞惠子

個人スポンサー様
　荒深久明臣
　飯島道子
　岡野まさや
　社会福祉法人奉優会 常務理事　香取 寛
　社会福祉法人奉優会 地域包括ケア事業本部 本部長　川口有美子
　川口 聡
　川口 潤
　川口禮子
　北村 一
　スバキリ商店　小西光治
　櫻井秀紀
　志喜屋愛
　社会福祉法人奉優会 理事・管理統括本部 統括本部長　田島香代
　多和田真吾
　寺尾弘子
　社会福祉法人奉優会 特養事業本部 本部長　西 啓三
　つぐみナースケアステーション　丹羽祐基
　のび
　林 悠雅
　ひばり薬局深沢三丁目店
　社会福祉法人奉優会 社会福祉事業統括本部 本部長　平林孝浩
　社会福祉法人奉優会 奉優デイサービス　川崎有馬
　三島俊祐
　社会福祉法人奉優会 優っくり事業本部 本部長　水内利英
　社会福祉法人奉優会 理事・施設介護事業統括本部 統括本部長　山川純一
　米津 岳
　@youth_carer_1998

50 音順、敬称略

著者紹介

社会福祉法人奉優会 社会福祉事業統括本部 地域包括ケア事業本部

佐々木克祥 （居宅事業部長）

菅野憲子 　（久末居宅介護支援センター 事業所責任者）

寺尾弘子 　（代沢居宅介護支援事業所 事業所責任者）

栃倉 勝 　（奥沢居宅介護支援事業所 事業所責任者）

臼井充栄 　（弥生の園居宅介護支援事業所 事業所責任者）

北館 敦 　（中野居宅介護支援事業所 事業所責任者）

芥川裕美子 （等々力の家居宅介護支援事業所 副責任者）

青木 梢 　（久末居宅介護支援センター 副責任者）

池田友紀 　（横浜市霧が丘地域ケアプラザ居宅介護支援事業所 管理者）

長島正明 　（等々力の家訪問介護ステーション 管理者）

子どもの想いを地域で支える ヤングケアラー支援ガイドブック

第 1 刷発行　2022 年 3 月 30 日

編著　　　　　社会福祉法人奉優会居宅事業部

発行　　　　　社会福祉法人奉優会

発売　　　　　松嶋 薫
　　　　　　　株式会社メディア・ケアプラス
　　　　　　　〒140-0011 東京都品川区東大井 3-1-3-306
　　　　　　　電話：03-6404-6087　Fax：03-6404-6097

表紙・本文イラスト　　川口有美子　池田友紀
デザイン　　　　　　　文字モジ男
編集協力　　　　　　　有限会社オーエムツー
印刷・製本　　　　　　株式会社美巧社